카이로스와 시인

시조사랑시인선 38

우성훈 시조집

카이로스와 시인

열린출판

우성훈 (아호 曉山), 충북 음성 출생
청주고, 한양대학교, 고려대경영대학원
(주)롯데월드 常務理事, (주)롯데월드 專務理事, (주)롯데브랑제리 代表理事
대·중소기업협력재단 자문위원, 중소벤처기업부 서울 송파문화원 理事
덕성여대 평생교육원 문예창작과, 서울시립대학교 시민대학 문예창작과
월간《문학세계》시조 등단(2010), 계간《한국작가》자유시 등단(2014)
(사)한국시조협회 상임부이사장, (사)한국시조시인협회 회원,
(사)한국시조문학진흥회 자문위원
(사)한국문인협회, 한국작가협회 회원한국단시조100편선집
『현대시조유취』발간위원장
수상: 한국시조협회 문학상 수상, 대은시조문학상 수상,
대한민국시조문학대상 외 다수
시조집:『카이로스와 시인』
이메일: sh-4051@daum.net

카이로스와 시인

1판 1쇄 발행 2023년 7월 30일

지은이 | 우 성 훈
펴낸곳 | 열린출판
등록 | 제 307-2019-14호
주소 | 경기도 고양시 덕양구 권율대로 656, 1401호
전화 | 02-6953-0442
팩스 | 02-6455-5795
전자우편 | open2019@daum.net
디자인 | SEED디자인
인쇄 | 삼양프로세스

ⓒ 우성훈, 2023
ISBN 979-11-91201-48-2 03810

*책값은 뒤표지에 표시되어 있습니다.
*저자와 협의하여 인지를 생략합니다.

■ 시인의 말

'코로나19'로 계절이 가고 오는 것을 느낄 새도 없이 몇 해가 지나갔다. 계절은 변함없이 정해진 길로 순환을 계속하고 있다. 자연에 순응하고 자아를 성찰하며 가볍고 깨끗한 마음으로 일상을 살아가는 것이 얼마나 행복한 삶인가를 새삼 깨닫게 된다. 그동안 모든 시간이 정지되고 우리의 일상이 사라졌다 해도 과언이 아니다.

우리가 값없이 누려왔던 일상이 얼마나 귀중한 건지도 알게 되었으며 그런 일상이 다시 올 수 있을까 하는 불확실한 미래에 대한 걱정도 많이 했다. 그러나 하나님의 크신 은혜로 기적처럼 코로나가 물러가고 원래의 모습으로 회복되어 가고 있으니 얼마나 감사한지 모르겠다.

계절의 여왕 5월에 들어서며 온갖 꽃들이 앞다투어 피어나고 연초록 잎새들이 하루가 다르게 풍성해지며 파란 하늘은 금방이라도 내려앉을 듯 머리 위에 있고, 산 새 소리도 청량淸亮하기 이를 데 없다. 그동안 미뤄 두었던 원고들을 꺼내어 수정할 것과 과감히 제할 것 등을 정리했다

평생을 기업에 몸담고 있다가 은퇴한 후 시조와 자유시 창작에 입문하게 된 것은 교우敎友 이광녕 박사의 권유로 시작하게 되었고, 곧 시조 문학계의 원로이신 원용우박사님

을 만나 늦깎이 공부를 했으며 2010년 7월에 월간 《문학세계》를 통하여 신인상을 받고 시인으로 등단했으니 그로부터 벌써 13년이 훌쩍 지나갔다.

독특한 풍류와 절제로 멋과 맛을 살려내는 시조는 조상의 얼이 깃들어 있는 격조와 운치가 넘치는 우리 민족의 전통 문학이다. 시조를 공부하며 그 매력에 빠졌으며 이는 또 우리 민족 문학의 뿌리를 되찾고 민족의 자존심을 지키는 일이라고 생각하게 되었다.

시인은 남과 다른 인식의 방법을 통하여 자신의 사유思惟 공간을 확보하고 개성 있는 작품세계를 구성해야 한다고 생각하지만, 그 어찌 쉬운 일이랴. 시조를 배우며 써온 변변치 못한 작품을 세상에 내놓기 망설여졌다. 이제 크게 용기를 내어 그간의 작품들을 엮어서 출간하기로 마음먹었다.

이 작고 부족한 시조 시집이 독자 여러분과 소통과 공감의 장이 되기를 바라는 소박한 마음을 가져 봅니다. 공사다망하신 중에 평설 評說을 기꺼이 맡아 주신 이석규 박사님과, 서문序文을 맡아주신 김흥열 명예이시장님께 깊은 감사를 드리며 앞으로도 많은 지도 편달 있기를 바랍니다

또한 이책의 출판을 맡아주신 열린출판의 임직원에게도 감사의 말씀을 드린다.

2023년 5월
고덕서실高德書室에서 우성훈禹成勳

■ 서문

시조時調의 꽃밭에서

김흥열
(한국시조협회 명예이사장)

먼저 우성훈 시인의 시조집 『카이로스와 시인』 상재를 축하드린다.

시인은 오랫동안 작품활동을 해왔지만 이번에 상재되는 시조집이 첫 번째인 걸로 알고 있다. 그래서 많은 독자의 관심과 시선이 집중될지도 모르겠다. 시인은 대기업에서 한국경제사에 길이 빛날 선진국으로 진입하기까지 그 한 축을 담당해 온 분이고, 퇴직 후에는 시조에 남다른 애정과 관심을 두고 (사)한국시조협회가 탄생하는 과정에서 중추적 역할을 해온 분이시다.

시인의 인품 또한 작품만큼이나 중후하다. 인자하고, 겸손하며 후덕하다. 시인은 지금까지 어느 한순간도 시조협회에서 아웃사이더(out sider)가 된 적은 없었다. 오직 (사)한국시조협회의 창립 정신을 구현하고자 고민하고 노력해 온 분으로 앞으로도 협회 발전에 크게 기여하리라 믿는다.

우리는 왜 해묵은 유산인 시조를 지으려 하는가를 생각해 본다. 시조는 어떤 가치를 가지고 지니고 있기 때문일 것이다. 일반적으로 가치價値라 함은 공동체를 이루고 있는 사람들이 어떤 대상에 대하여 추구하는 감정 체계라 할 수 있는데 이는 사회적, 정치적, 경제적, 문화적 측면에서 선과 악, 옳고 그름, 아름다움 등을 결정하는 행동 방식이 된다. 이어령 박사의 말을 빌린다면 "문화는 우리 민족이 가지고 있는 몸과 마음의 기호"라고 했다. 그러므로 시조는 우리의 전통문화 중 하나로, 배달 민족만이 가지고 있는 아름답고 순박한 감정을 엮어내서 독자들이 어깨춤이 절로 일어나게 하는 하나의 기호라고 할 수 있을 것이다.

청구영언의 발문跋文을 쓴 흑와黑臥 정래교鄭來僑(1681~1759)는 "노래를 글로 표현하면 시詩가 되고 시를 관악기와 타악기에 올리면 노래가 된다. 노래와 시는 본디 같다."라고 했다.

위 글에서 나타난 대로 시조時調는 노래의 옛말이다. 이 노래는 일정한 틀(격식 또는 형식)이 있어 이를 벗어나면 시조로 인정받지 못하였다. 사설시조가 나오기 전까지는 그랬다.

이제 이번에 상재되는 작품 중에서 몇 편을 골라 시인의 심중에 일고 있는 노래를 들어보고 시인의 정신세계를 들여다보고자 한다.

산하山河를 / 다 태울 듯 / 극심한 폭염 속에 //
의연히 / 침묵하며 / 견뎌온 풀과 나무 //
그 아픔 / 안으로 삭혀 / 곱게 곱게 물 들었네

「단풍」 전문

  이 작품은 음수의 배열이 3.4.3.4, 3.4.3.4, 3.5.4.3으로 정형 시조의 전형典型이라 할만하다. 이런 엄격한 틀 안에서 초, 중, 종장의 독립성, 연결성, 완결성을 이루어낸다는 것은 말처럼 쉽지 않다. 단수 한편을 통하여 화자는 독자에게 무슨 말을 하고 싶은 것일까?

  우리 눈에 보이는 단풍은 그 색깔이 고와 '아름답다'라는 표현을 사용하고는 있지만, 그 내면을 들여다보면 한 생명체의 말 못 할 '아픔'이 배여 있는 것이다. 찌는 듯한 폭염의 바다를 건너온 그 목숨은 우리의 눈으로는 도저히 읽어 낼 수 없는 영광과 성공의 시대를 끝내고 지금부터는 자의와는 관계없이 타의에 의해 고통을 받고 있으며 치솟는 분노와 혈압의 상승으로 벌겋게 달아오른 고통스런 모습을 보면서 우리는 아이러니(irony)하지만 아름답다고 찬사를 보낸다.

  그러나 시인은 나뭇잎이 아픔을 불평하는 것이 아니라 오히려 그저 묵묵히 안으로 삭인다고 했다. 단순히 계절의 변화에 따른 아름다움이 아니라 안으로 삭혔기 때문에 더욱 곱게 물들였다고 한다. 아픔을 삭이는 이유는 내년이라는 희망의 계절이 또 오기 때문이다. 우리 역시 일시적 고통을 극복해 내고 나서 언젠가는 화려한 성공 신화를 만들어 낼 수 있다는 적극적 사고로 희망을 품어야겠다.

유월이 / 숲을 깨워 / 빗질하는 아침나절 //
새빨간 / 장미꽃이 / 햇살을 털고 있다 //
잎새로 / 가시를 감추고 / 요염하게 웃고 있네
「장미」 전문

이 작품은 독자의 시선을 끌 만하다. 몇 군데 낯선 표현이 그렇다. 12달 중에서 왜 하필 유월이 숲을 깨워 빗질하는가? 그 이유는 무엇일까? 6월은 녹음이 우거지기 시작하는 본격적인 계절이며 장미의 계절이 되기도 한다. 햇살에 반사되는 모습을 단정하게 빗질하는 여인의 모습에 빗댐으로써 시적 묘미를 더해 주려는 화자의 의도가 깔려 있다. 그런데 중장에서는 장미가 오히려 그 햇살을 털어내고 있다고 표현한다. 장미의 화려한 모습에 햇살마저 밀려난다고 생각한다. 반사되는 빛을 털어낸다고 표현함으로써 시의 맛을 극대화한다.

똑같은 햇살이지만 하나는 '빗'이 되어 아침을 장식하고 다른 하나는 장미가 털어내는 '빛'이 된다. 이런 장미의 오만함이 종장에서 드러난다. 가시를 감추고 요염하게 웃고 있는 장미는 아마도 까칠한 여인을 연상케 하고도 남는다. 마찬가지로 모두가 그런 것은 아니지만 사람도 출세하거나 재력을 지니게 되면 겸손하기보다는 오히려 그 권력을 남용하려 드는 사람이 더 많은 것도 부인하기 어렵다. 요즘 말로 가진 자의 갑질로 대변되기도 한다.

    매몰차게 / 몰아치는 / 혹한이 닥쳐와도 //
    메마른 뿌리에서 / 새싹이 돋아나듯 //
    기어이 / 자유를 찾는 / 맥박 소리 요동친다
                                  「탈북민」 전문

  이 작품은 독자의 가슴을 아프게 한다. 인간에게 있어서 '자유'란 무엇인가? 인간은 자연의 일부분이지만 그 본질은 영혼이다. 영혼은 변화하는 세계 속에 있는 것이 아니라 불변하는 이데아(Idea)를 추구한다.
  탈북인들은 왜 그 힘난한 역경을 마다하고 그 사회를 벗어나고자 했을까? 그것은 바로 '자유' 때문이다. 민주주의의 기본 이념은 자유와 평등을 바탕으로 한다. 인간이 자신의 판단과 의지에 따라 선택하고 행동할 수 있음을 뜻하며 사회 공동체 안에서 타인을 존중 배려하는 가운데 간섭이나 구속 없는 자아실현을 목적으로 한다.

혹한을 견디어 내는 나무에 빗대어 탈북민을 말하고 있는데 보조관념만으로 짜인 작품이다. 혹한이 지나면 봄이 오듯이 탈북민들은 오직 자유의 세상에서 자아를 실현하고 싶은 욕망에서 탈북을 결심하게 된다. 그들의 핏속에는 한겨울에도 얼지 않은 뜨거운 욕망이 돌고 있을 것이다. 작가의 자연주의 철학과 인간 중심의 사고가 잘 나타난 작품이다.

> 찬 바람 몰아치는 골목길 어귀에는
> 전봇대 전단지가 각질처럼 벗겨지며
> 취한 듯 비틀거리는 사람들이 웅성인다.
>
> 흉흉한 소문들로 온 땅은 뒤덮이고
> 기름진 위선자들 악취 나는 선동 속에
> 거짓은 의혹을 쌓고 우울증만 더해간다.
>
> 인내의 한계점은 시시로 다가오고
> 절망의 두려움이 목구멍을 조이는데
> 계기판 경고 수치는 비상등을 번쩍인다.
>
> 광장의 저 함성을 새도록 베고 누워
> 허리끈 동여매고 해산날을 손꼽으며
> 하얗게 지새는 심회心懷 불면증만 더해간다.
>
> 「구직자求職者」 전문

이 작품은 우리사회의 현상을 잘 표현하고 있다. 첫수 중장 '전봇대 전단이 각질처럼 벗겨지며'는 가슴을 아프게 한다. 참담한 사회상을 토해내는 웅변처럼 그 울림이 크다. 국가의 존재는 국민을 편하게 하고 잘 살게 하는데서 나타난다. 봉건사회 같은 절대 왕조에서는 백성은 자유가 없고 오직 충성과 복종만을 강요받는다.

그러나 국민이 주인이 되는 사회체제에서는 누구나 원하면 일 할 수 있는 권리를 누려야 하는데 현실은 그렇지 못하다.

봄철만 되면 상아탑에서 몰려나오는 수많은 고급인력이, 먹을 것을 찾아 강가로 모여든 누우 떼를 연상케 한다. 또 연말만 되면 명예퇴직이라는 허울 좋은 명분 앞에 강제로 직장을 빼앗긴 수많은 가장들의 고뇌를 누가 관심 있게 봐줄 것인가. 어느 하나 간과할 수 없는 참담한 사회상이 현실 세계가 안고 있는 현상들이다. 그래서 화자는 넷째 수 종장에서 "하얗게 지새는 심회 心懷 불면증만 더해간다."라고 그 답답한 심정을 토해내고 있다.

4수로 된 연시조이면서도 수마다 독립성을 유지하고 있으며 각 수는 초장 중장 종장이 독립성과 연결성 완결성을 완벽하게 구현해 내고 있다. 말하자면 시조에서 요구하는 형식을 매우 엄격하게 유지한 작품으로 연시조의 모범 답안이다. 어떤 이들은 연시조를 잘못 이해하고 각 수 종장 말미를 연결어미로 마감하거나 자유시를 추종하듯 미완결의 명사형으로 끝내기도 하지만 이는 잘못된 작법이다.

  지금까지 122편 중에서 단편적으로 몇 편을 살펴보았다.

  우성훈 시인은 시조의 정체성을 잘 이해하고 이를 반드시 실천함으로써 전통 시조의 맥을 그대로 살려내어 계승 발전시키는 시인임이 틀림없다.

  앞으로도 작품의 질적 성장은 물론이고 협회의 발전 내지는 시조의 발전을 도모하여 세계화에 크게 기여할 것으로 믿어 의심치 않는다.

  다시 한번 시조집 『카이로스와 시인』 상재를 축하드린다.

■ **차례**

■ 시인의 말 ································· 5
■ 서문: 시조時調의 꽃밭에서 ················ 7

제1부 고향 서정

향수鄕愁 ································· 23
그리움 ································· 24
고향 서정抒情 ··························· 25
신춘 유감新春遺憾 ························ 26
부정父情 ································ 27
낙영산落影山 ···························· 28
꿈길 ···································· 29
사모곡·1 ································ 30
사모곡·2 ································ 31
사모곡·3 ································ 32
사모곡·4 ································ 33
뚝섬 포럼 ······························· 34
어머니 ································· 36
봄날은 수채화 ··························· 37
보너스 ································· 38
어버이날에 ······························ 39
산 비山雨 ······························· 40
낙화암 ································· 41
순례길 ································· 42
탄금대 ································· 43

제2부 내 마음의 정원

할미꽃 …………………………… 47
울 할머니 ………………………… 48
내 마음의 정원庭園·1 …………… 49
내 마음의 정원·2 ………………… 50
내 마음의 정원·3 ………………… 51
군자란 …………………………… 52
이끼 ……………………………… 53
섬진강 …………………………… 54
태풍 매미 ………………………… 55
아름다운 세상 …………………… 56
설국雪國 ………………………… 57
눈 내리는 밤에 …………………… 58
등목 ……………………………… 59
다람쥐 …………………………… 60
민들레꽃·1 ……………………… 61
찬양讚揚 ………………………… 62
비아 돌로로사 …………………… 63
갈릴리 호숫가에서 ……………… 64
청목련 …………………………… 65
도담삼봉 ………………………… 66
개미 ……………………………… 67

제3부 미완의 여백

사월엔 ··· 71
미완未完의 여백 ································· 72
사월이 오면 ·· 73
신호등 ··· 74
인연 ··· 75
가는 해 ·· 76
세월 ··· 77
우포늪 연가 ·· 78
달맞이꽃 ··· 79
연꽃 ··· 80
포구와 아낙 ·· 81
리더십 P ··· 82
가을 ··· 83
단풍 ··· 84
용문산 은행나무 ································ 85
쌍계사 ··· 86
함박눈 ··· 87
동해안 ··· 88
신립 장군 ·· 89
겨울 파도 ·· 90
들꽃 ··· 91

제4부 카이로스와 시인

흔적 ································· 95
카이로스와 시인 ······················ 96
새해엔 ······························· 97
시상詩想 ····························· 98
산 비둘기 ···························· 99
불꽃 ································ 100
무시로 ······························ 101
불나비 ······························ 102
시심詩心 ···························· 103
연단鍊鍛 ···························· 104
운명 ································ 105
사색 ································ 106
잡초 ································ 107
점點 ································ 108
탐욕 ································ 109
미라 ································ 110
허욕虛慾 ···························· 111
나목裸木 ···························· 112
바람 ································ 113
폼페이의 원혼 ······················· 114

제5부 사계의 미학

춘설春雪 ········· 107
복수초福壽草 ········· 108
백매화白梅花 ········· 109
이른 봄날에 ········· 110
봄이 오는 길목 ········· 111
진달래 꽃 ········· 112
축제祝祭 ········· 113
목 련 ········· 114
오월의 숲 ········· 115
장미 ········· 116
바겐세일 ········· 117
폭염 ········· 118
단풍 신부新婦 ········· 119
가을 단상 ········· 120
늦가을 ········· 123
코스모스 ········· 124
가을 소리 ········· 125
연민憐憫 ········· 126
계절季節 ········· 127
눈길을 걸으며 ········· 128

제6부 반전의 꿈

반전反轉의 꿈 ················· 139
얼룩진 봄 ·················· 140
구직자 ···················· 141
공공의 적 ·················· 142
우이령 길 ·················· 143
불공정不公正 ················ 144
연鳶 ····················· 145
유전자 ···················· 146
의혹 ····················· 147
탈북민 ···················· 148
증언 ····················· 149
팔당댐 ···················· 150
민들레꽃·2 ················· 151
폭설 경보 ·················· 152
월정리역 ··················· 153
낮달 ····················· 154
대리代理 전 ················· 155
업보業報 ··················· 156
대는大 은공을 기리며 ··········· 157
심혼心魂의 울림 ·············· 158

평 설: 사색과 묵상의 길을 탐색하는 시객__159

제1부 고향 서정

향수 鄕愁

유난히
칠흑 같던
그해 여름 밤하늘

수많은
빛들이
빗살처럼 쏟아진다.

고운 빛
떨어진 그곳은
아련한 고향 들녘

그리움

길섶에 핀 꽃들을
가만히 들여다보니
들길 따라 뛰놀던
고향 집도 보이고

어머니
보고픈 얼굴도
꽃 속에서 보이네

꽃술에 날듯 앉은
어여쁜 흰 나비도
망초꽃 흐드러진
뒷동산 오솔길도

볼수록
가고 싶어라
꽃 속의 내 고향

고향 서정抒情

햇빛에 반짝이는 신록의 재잘거림
가없는 하늘가엔 종달새 맑은 노래
어머니 아니 계셔도 살아 계신 어머니

이끼 낀 뒷담 너머 반달만 한 텃밭에는
나비랑 꿀벌들도 분분히 날아들고
동구 밖 느티나무는 홀로 하늘 찌른다

꿈같이 흐른 세월 추억도 아련한데
무시로 밀려오는 그리움이 새록새록
반기는 사람 없어도 가고 싶은 미망迷妄이여

신춘 유감 新春遺憾

눈 감아도 펼쳐지는
내 유년의 들녘길엔
수줍은 봄 햇살에
새싹 잔치 한창이네
한나절
춘곤春困을 베고
꿈길에 든 작은 영토

불현듯 차를 달려
봄 마중을 나서 본다
온 산야를 짙게 덮은
회색빛 미세 먼지
가상假想 속
미지의 공포
숨 막히는 고향의 봄

부정父情
-도시 중학교로 유학 가다

옷깃 여며 따라나선 차가운 섣달 끝에
열네 살 까까머리 두렵고 설레인다
엄하신 손길에 이끌려 간 외로 앉은 하숙집

나어린 나만 두고 막차로 가신 날 밤
외로움에 밤은 깊어 겨울비도 울먹였다
그 아픔 사려서 안고 홀로서기 시작한 날

낙영산落影山*

봄바람 타고 왔네 정겨운 고향 산에
절벽 틈에 뿌리 내린 외곬 노송 절경인데
충신은 가시었어도 그 기개가 늘 푸르다

암벽 외길 타고 올라 치마바위 앉았더니
병풍을 펼쳤는가 한 폭의 산수화네
화백畫伯은 어디로 가고 작품만 펼쳐놨나

하산길 계곡마다 수줍은 듯 봄눈 녹고
산수유 방끗 인사 산새 소리 청량한데
지나는 저 구름들도 머물다가 다시 가네

*낙영산: 화양구곡을 끼고 600미터 이상의 산들이 병풍을 치고 있는 충북 괴산에 있는 암곡미가 뛰어난 산

꿈길

먼지가
뽀얗게 낀
액자 속 사진 한 장

벽시계는
돌고 돌아
세월은 가고 오고

그립다
보고픈 부모님
꿈길에나 뵈려나

사모곡 · 1

어스름
저 달빛은
들창가에 서성이고

소쩍새
우는 소리
가슴 문을 울리는데

어머니
한 서린 눈물
방울방울 사무친다

사모곡 · 2

야윈 몸
꺼져가도
자식 사랑 애틋하며

병상의 아픔에도
소망의 끈 매던 모습

가슴 속
회한의 오열
강물 되어 흐르네

사모곡·3

아카시아
하얀 꽃잎
봄바람에 흩날리던 밤

묻어 둔
가슴앓이
꽃향기로 피워 내고

여명 속
새벽길 따라
홀로 가신 어머니

사모곡 · 4

이승의
희로애락
말없이 뒤로 한 채

육신의
모든 고통
훠이 훠이 벗으시고

저 천국
주님 품에서
영생을 누리소서

뚝섬 포럼*

소한小寒이 지나가고
흰 눈이 분분한 날
머리엔 흰 눈 이고
동창생들 모여든다

입가엔
열아홉 비밀
그윽이 간직한 채

뼈 없는 말 한마디에
한바탕 파안대소
빽빽한 나이테에
백발의 전설들이

이제는
고운 노을로

서녘 하늘 수繡놓는다

*오랜 벗 鶴齊 김홍헌 변호사가 뚝섬에서 시작한 동창생들의
 모임

어머니

어릴 적
뛰어놀던
동구 밖 그 들녘에

등허리가
봉긋한
김매는 무명 적삼

어머니
목놓아 불러봐도
봄빛만 가득하다

봄날은 수채화

수목들과 꽃들이 눈부시게 피어나고
청량한 새 소리가
화폭 위에 떨어진다

한사코
명화를 그려가는
그분은 누구일까

혹한의 모든 고난 훠이 훠이 다 벗고
생명의 힘찬 몸짓
 앞다투며 일어설 때

봄날은
그분이 그리는
하늘나라 수채화지

보너스
- 중2 때 하숙집 할머니를 생각하며

얼굴엔
웃음 가득
주름살 활짝 폈네

하숙비
받아 들고
활짝 웃는 할머니

저녁상
제육 찌개는
잊지 못할 보너스

어버이날에

화사한
들꽃들이
만발한 봄 동산

어버이
무덤 앞에
무릎 꿇은 사남매

불효자
회한의 눈물
가슴을 적신다

산 비 山雨

새벽녘 반가운 빗소리에 잠을 깨니
목마른 대지 위엔 물안개가 춤을 추고
내 몸엔 감성의 세포 꽃같이 피어난다

서둘러 비 오는 산길을 올라 보니
아카시 갈참나무 어서 오라 손짓하고
지칭개 애기메꽃은 반짝 웃음 터트리네

산 숨결 밤꽃 향기 시심詩心으로 이끌고
청심靑心은 가지 꺾어 이내 몸을 후려치니
오늘은 단비 맞으며 산새되어 날고 싶다

낙화암

부소산 낙화암
절벽 단애斷崖
아득하고

백마강
푸른 물에
황포돛대 외롭구나

그 하늘
새들의 비상飛翔
스러져간 넋인가

순례길

밤새워 내리는 눈 그칠 줄을 모르고
뼈저린 그 아픔을 매만지며 덮으려나
북한산
순례길에는
흰 눈마저 흐느낀다.

그날의 그 외침은 역사 속에 잊혀가고
4.19 열사 광복군도 소리 없는 외침뿐
가신 임
뵐 수 없어도
살아있는 무궁화꽃

탄금대

소나무
짙은 향기
대문산에 올라 보니

남한강 굽이치는
탄금대가 외롭구나

귓가엔
우륵의 가야금 소리
바람결에 들려오네

제2부 내 마음의 정원

할미꽃

진달래
산길 따라
내달리던 긴긴 봄날

산모퉁이
돌아서면
망초꽃 언덕배기

나직이
무덤가에 핀
허리 굽은 할미꽃

울 할머니

할머니가 들려주신
정다운 옛날이야기
어느새 자장가 되어
스르르 잠이 들 때
가슴엔
맑은 샘물이
깊게 깊게 스며든다

무명 치마 저고리에
주름진 모진 세월
망초꽃 흐드러진
무덤가에 홀로 서서
그 사랑
못내 그리워
고개 숙여 눈물진다

내 마음의 정원庭園 · 1

떠나온
고향 집에
찔레꽃은 피었을까

연초록
바람결에
뻐꾹 소리 실려 오면

내 마음
두고 온 그곳
녹색 불이 번지련만

내 마음의 정원·2

황금빛 벼 이삭이 출렁이는 논밭에는
살 오른 메뚜기 떼 이리 뛰고 저리 뛴다
한 병에 가득 채우니 부자가 따로 있나

섰거라 어디선가 외치는 고함 소리
줄행랑 내 달리던 논두렁 그 길에는
지금도 풋풋한 사연들이 풀처럼 일어선다

내 마음의 정원 · 3

맑기는
수정 같고
차기는 얼음 같은

멱감고
고기 잡던
유년 시절 나의 영토

한세상
내 맘에 사는 너
가꾸며 사랑하리

군자란

춘분 지나
연록 꽃대
밤새워 쑥쑥 솟아

진액을 쏟고 쏟아
몇 날 며칠
산고産苦 끝에

주홍빛
찬란한 어사화
장원급제 하셨네

이끼

어둡고
외론 곳에
다소곳이 머리 숙여

오손도손 서로를
아끼며 살아가는

초록빛
해맑은 미소
정겨운 이끼 세상

섬진강

섬진강 오백 리 길
설운 세월 물결에 싣고
연초록 산자락을
굽이굽이 돌아드니
어느새
달려온 바람
시심詩心을 불 지른다

마음속 깊게 숨긴
복숭앗빛 첫사랑
가슴앓이 시린 추억
안개처럼 희미한데
강물은
휘모리장단 치며
노래하며 흘러간다

태풍 매미

만취한 태풍 매미 쓸고 간 산속에는
옹골찬 고목들도 뽑히고 쓰러지고
참나무 아카시아도 장렬히 전사했네

아픈 상처 보듬으며 계절은 가고 오고
산새들도 서로를 의지하며 위로할 때
새로운 삶의 용기는 새 생명을 잉태했네

가을은 다시 오고 단풍도 붉게 타며
풀벌레 실바람 작은 들꽃의 영혼까지
다시금 돌아온 산야는 즐거운 잔치로다

아름다운 세상

꽃술을 따스하게 비춰주는 햇살도
숲들을 적셔주는 가냘픈 보슬비도

값없이
세상을 위해
베푸는 사랑이지

지독한 외로움도 기쁨의 순간들도
언젠가 모든 걸 남겨둔 채 떠나겠지

늦기 전
나누고 베풀며
마음 열고 살자구요

설국雪國

눈송이 꽃송이가 춤추듯 내려오고

산과 들 내 마음도 설국을 이루니

세상이
멈춰 버린 듯
고요만 가득하다

눈 쌓인 설국엔 누가 살고 있을까

착하고 순백한 사람들이 살겠지

그곳은
마음이 부자인
따듯한 세상일 거야

눈 내리는 밤에

메마른
심회心懷가
동토처럼 얼어붙고

기나긴
겨울밤을
뒤척이며 잠 못 들 때

밤새워
내리는 눈은
천사들의 위로겠지

등목

까르르
웃음소리
통통 튀며 담을 넘네

뼛속까지
시린 샘물
자지러지게 퍼부을 때

복더위
구경 나온 그믐달
별꽃 무늬 커튼을 친다

다람쥐

거울 같은
계곡물에
빨간 단풍 떠가네

툭 하고
떨어지는
이끼 위에 도토리 하나

재빨리
양손에 들고
감사 기도 삼매경

민들레꽃 · 1

빗살 무늬
고운 은빛
봄비가 내리시네

갓 피어난
민들레꽃
노란 우산 받쳐 들고

오가는
사람들 보며
방끗 웃고 인사하네

찬양讚揚

창공을
비상하는
새들의 힘찬 안무

푸르른
바람들이
오월을 연주하면

내 영혼
두 팔을 벌려
그분을 찬양하네

비아 돌로로사*
-고난 주간에

등에는 채찍 맞아 찢기고 피 흘리며
머리엔 가시 면류관 멸시 조롱당한 채
십자가
내 죄를 지시고
그 길 홀로 가셨네

주께서 걸어가신 고난의 그 길을
나의 십자가 지고서 따라가리
그때를
뒤돌아보며
참된 삶을 살게 하소서

*Via Dolorosa, 예수님이 십자가를 지시고 골고다 언덕으로 올라가신 고난의 길

갈릴리* 호숫가에서

잔잔한 물결 위에 오색 빛이 부서진다
영롱한 저 빛들은 어디에서 왔을까
밤하늘 수놓은 별들 호수 속에 잠겼구나

꿈속에서 보았던 그 바닷가 거닐 때
살며시 다가와서 잡아주신 따뜻한 손
영원한 사랑의 향기 잊지 못할 갈릴리 밤

거라사*의 불빛들이 물결 위로 밀려온다
영겁이 흘러가도 사랑은 머무는 것
갈릴리 드넓은 호수에 내 가슴을 묻는다

*갈릴리 호수: 이스라엘 북동부에 있는 호수이며 예수님이 베드로를 비롯하여 제자들을 삼은 곳
*거라사: 갈릴리 호수 건너편 마을

청목련
-청평사 청목련

소양호

옮겨왔나

쏟아질 듯 파란 하늘

앙가슴

터지는가

푸른 꿈 망울망울

들린다

해산의 환희

청목련의 고고지성呱呱之聲

도담삼봉

푸르른
남한강에
도담삼봉 어렸구나

시인 묵객 가고 없고
묵향만
가득한데

신선과
벗하던 선비
시 한 수 읊고 가네

개미

끝없는 개미들의 행군이 수상하다
무엇을 물고 지고 개미허리 휘는구나
언제나
인도자 없이도
한마음 한뜻이네

장마가 오기 전에 수방 공사 벌렸나
유비무환 큰 지혜 개미들의 산 교육
돔 동네
대표 선수들
배워야 할 필수과목

제3부 미완의 여백

사월엔

꽃구름 피어나듯
생각나는 그 사람

순결하고 고귀한
목련 같던 그 모습

빛바랜
수채화처럼
기억 속에 애잔하다

미완未完의 여백

눈시울 시리도록 고이는 사무침이
가슴을 검게 태워 흔적만 남겨놓고
무시로
망각을 깨워
피안을 넘나든다

하얗게 밤을 잊은 고뇌의 시간들이
허공을 맴돌다가 기약 없이 스러져도
아직도
전하지 못한
묻혀진 묵언默言인가

사월이 오면

언제나 한자리에 다소곳이 앉아있던 너
우수가 넘실대는 눈망울을 떨구면서
시름을
안으로 저며
그 아픔을 삭였을까

갓 피어난 꽃잎 위로 봄비가 내리는 날
핏기 없는 네 모습이 얼비쳐 떠 오른다
긴 세월
떠나지 않는
사월의 미망未忘이여

신호등

파란빛 빨간빛이
빗길 위에 흩어지고
기억의 회로도는
낡고 닳아 희미한데

차창에
어렴풋이 비친
이지러진 나를 본다

흰머리 검버섯에
핏기 없는 내 얼굴
어디쯤 달려왔나
아스라한 지난날들

돌아갈
유턴 신호등은
찾을 길이 없구나

인연

무슨 일이
있는 걸까
문득문득 생각나는

젊은 날 엇박자에
동과 서로 향했건만

한 번쯤
스쳐 지나듯
만날 수도 있으련만

가는 해

상행선
하행선이
교차하는 간이역

한사코
길 떠나는
비정한 저 나그네

아픔만
심해心海에 풀고
손사래 치며 가네

세월

저녁노을
붉은 하늘
정든 냇가 뒤로하고

정해진 시간표대로
열차가 떠나간다

울고 간
기적 소리는
다시 오지 않는구나

우포늪 연가

1
태고의 숨결인가
피어오른 물안개
안갯속 여운으로
홀로 가는 조각배
열두 폭
동양화로도
담지 못할 선경일세

2
햇빛은 스멀스멀
물가로 내려오고
물 기슭 풀벌레 소리
청아하게 여울지면
하늘을
수놓은 별들이
늪에 들어 반짝인다

달맞이꽃

여린 목 길게 뽑아 꽃등에 불을 켜고

그리운 아르테미스* 애절히 기다릴 때

한줄기

하얀 달빛이

산과 들에 흩어진다

어두운 산야에 달빛이 비쳐 오고

사랑했던 아르테미스 달맞이꽃 찾아올 때

청산도

잠 못 이루고

노란 꽃불만 자욱하다

*아르테미스 : 달의 여신을 사랑한 님프(요정)가 죽어서 달맞이꽃으로 환생한 애달픈 이야기

연꽃

질척한
삶의 터전에
밤새워 달빛 뿌려

의연히
솟아오른
연분홍 꽃봉오리

온 세상
환히 밝히려
타오르는 불심佛心인가

포구와 아낙

도루묵 한 무더기 좌판에 올려놓고
동짓달 찬바람에 시름에 찬 아낙네
가녀린 햇살마저도 수평선에 잦아든다

고단한 삶의 터전 파시도 끝이 나고
허기진 함지박에 내일을 담는 아낙
두어 줌 희망을 이고 총총히 돌아간다

리더십 P

동토凍土를 갈아엎는
불도저 운전기사
동상으로 부푼 손을
어루만져 녹여 줄 때
잔잔한
사랑의 전율
이심전심 여울진다.

사통팔달 아우토반
경부고속 도로 공사
반만년 보릿고개
허적虛寂 앓는 이 땅 위에
피었네
P의 리더십
그 시절이 그립다

가을

수척한
햇살들이
나뭇잎에 떨어지고

쪽빛 물이 뚝뚝 지는
시린 하늘 어디쯤에

그대는
구절초 향내 나는
꽃으로나 피었을까

단풍

산하山河를
다 태울 듯
극심한 폭염 속에

의연히
침묵하며
견뎌온 풀과 나무

그 아픔
안으로 삭혀
곱게 곱게 물드네

용문산 은행나무

노랗게
물든 잎새
눈처럼 흩날리고

산사의
풍경 소리
가슴을 울리는데

노스님
두 눈을 감고
묵상하고 있구나

쌍계사

대웅전 앞뜰엔 홍도화가 화사하고
은은한 범종 소리 속세를 깨우는데
큰스님
경 읽는 소리
쌍계雙溪에 가득하다

계곡의 물소리는 세심의 울림인가
달빛은 은은하게 구층 석탑 감싸 안고
쌍계사
깊은 계곡엔
고요가 만월이다

함박눈

회색빛
오솔길에
까치 소리 떨어지네

반가운
죽마고우
기별 없이 오시려나

함박눈
나의 오랜 친구
한걸음에 오시게나

동해안

해안선
길을 따라
그저 마냥 걷노라면

시간도 멈춰 선 듯
짙푸른 수평선에

애환도
흐르는 세월도
저 품 안에 안기리

신립 장군

갈대숲 소리치며 목이 쉬는 남한강
피아의 아우성이 메아리쳐 울던 날에
드높이 펄럭이던 깃발 원혼寃魂되어 사라졌네

장군 잃은 깊은 밤에 전마의 슬픈 절규
핏빛 강물 흘러넘친 그 날을 돌아보니
마음이 너무 쓰라려 떠날 수가 없구나

겨울 파도

어둠을 헤쳐가며 쉼 없이 달려와서
처절히 부서지며 포효하는 파도는
무엇을
전하려는지
앙가슴을 치는가

불면의 시간들은 여명을 향하건만
해답 없는 의문들은 꼬리에 꼬리를 물고
밤새워
울부짖는 소리에
잠들 수가 없구나

들꽃

석두촌石頭村
망나니들
휘두르는 칼춤으로

너섬의
오른쪽은
쑥대밭에 내몰리고

들꽃은
홀씨가 되어
먼 길 찾아 떠나가네

제4부 카이로스와 시인

흔적

일 년 내내
책상 위에
올라앉은 캘린더엔

날짜마다
빼곡하게
사초私草한 나의 일상

열두 달
오감족적五感足跡이
웃고 울며 스친다

카이로스*와 시인

기억의 저편으로 무심히 가는 시간
먼동 트는 첫 새벽을 글방에 옮겨다가
심혼을
춤추게 하는
글 동자을 낳고 싶다

광음은 덧없어도 영원한 나의 피안彼岸
사랑과 행복 찾아 인생길을 달려가듯
시인은
카이로스를
찾아가는 길손인가

* '크로노스'가 물리적이고 양적인 시간이지만, '카이로스'는 신이 운영하는 시간의 의미와 깊이를 새기는, 즉 일반적인 시간이 아닌 특별한 의미가 부여된 질적인 시간을 말한다.

새해엔

내 안의
참 나는
어느 곳에 숨어 있나

새해엔
돌산에서
금맥 찾는 광부처럼

묻혀진
속 '나'를 찾아
굽이굽이 펼쳐 볼까

시상詩想

불빛이 꺼지자
모든 것이 사라졌다

마음의 등
밝히고
맑은 혼을 곧추세워

단단한
껍질 밖으로
황홀하게 나온다

산 비둘기

갈색 비
추적추적
진종일 내리는데

어디선가
구구구구
산 비둘기 슬피 우네

가을은
깊어만 가고
내 마음도 울고 있네

불꽃

푸른 꿈은
흘러가고
시간은 멈춰 섰다

로댕의 조각인가
고뇌에 찬 침묵의 숨결

인생은
잉걸불처럼
꺼지지 않는 불꽃인걸

무시로

아련히 밀려오는
옛 추억의 편린들

망각의
시공 속을
방황하며 헤맬 때

바람은
무시로 불어와
가슴을 헤집는다

불나비

세상사
그 무엇도
영원한 건 없는데

권력과
부와 명예
불나비의 한 세상

풀잎에
빛나는 이슬
신기루의 헛된 꿈

시심詩心

찻잔에
녹아드는
끈적이는 매너리즘

우편함에
배달된
한 권의 시조 시집

처절히
함몰되었던
서정을 일깨운다

연단鍊鍛

삼팔선에
잘린 허리
한반도는 만성 통증

삼포 세대* 지나서
이제는 오포 세대*

고난은
강함을 위한 연단
일어서라 젊은이여

*삼포 세대: 연애·결혼·출산의 세 가지를 포기하거나 미루는
 청년 세대를 뜻하는 말.
*오포 세대: 삼포에 취업과 내 집 마련을 포기한 청년 세대

운명

베란다
창고 속에
갇혀있는 선풍기

더위가
살렸구나
이제야 세상 구경

밤새워
노래 불러도
여름 가면 토사구팽

사색

난 정말 시냇가에 심겨진 나무일까
내 뿌리는 어느 곳을 향하여 뻗어 왔나
쉴 만한
맑은 물가로
길고 깊게 내렸을까

세차게 빗줄기가 창문을 때리는 밤
심혼을 비춰보는
어리석은 이 사람도
철 따라
열매가 풍성한
나무이길 소망한다

잡초

뽑아내고
베어내고
무시하고 짓밟아도

분연히 일어서는
의지에 찬 생명력

한 세상
함께 가야 할
질기디질긴 인연

점點

하늘과 수평선이
하나로 포개지고

시작도 끝도 모를
무한의 시공 앞에

달려온
파도의 전언
인생은 점點이라고

탐욕

선반 위
올려놓은
달콤한 꿀단지에

기어이 기어올라
빠져 죽는 개미지옥

끝없이
꿀단지 찾는
인간의 탐욕이여

미라

수 세기世紀
멈춘 시간
그 속에 잠든 미라

영혼은 떠나가고
해괴한 모습으로

언젠가
미물로라도
환생하려 하는가

허욕 虛慾

진종일 비는 오고
가슴엔 잔잔한 파문
버려야 할 헛된 것을
잡으려는 미련인가
풀잎에
잠깐 머물다
사라지는 이슬인걸

늦깎이 비바람이
세차게 몰아치며
덧쌓인 잔욕들을
폐지처럼 쓸고 간다
이 가을
뚝뚝 떨어지는
낙엽 같은 내 허상

나목裸木

심술보
비바람이
겨울을 마중하나

지난밤 잔엽들이
일제히 순절했다

사즉생死卽生
자연의 이치
변치 않는 진리구나

바람

바람은
왜 불어와
내 마음을 흔드는가

잊혀진
기억 저편
망각을 깨우는지

아마득
애환에 묻힌
삶의 여정 눈물겹다

폼페이의 원혼

찰나의
시간 속에
갇혀버린 환락 영토

저주받은
삶의 비밀
화산재에 묻힌 채

수라장修羅場
최후의 그 날
원혼들의 아우성

제5부 사계의 미학

춘설春雪

춘삼월 시샘하는 눈발이 흩날리고
옷깃을 파고드는 찬바람이 매서운데
갓 쓰고
자전거 타는
할아버지가 달린다

어느새 굵은 눈발 함박 눈꽃 피우려다
매화꽃 산수유꽃 꽃망울 터진 소식에
스르르
꼬리 내리고
도망가기 바쁘다

복수초

땅속 가득
퍼져가는
뜨거운 너의 숨결

온몸 살라
눈 녹이고
쫑긋 솟은 노란 등불

봄 아씨
오시는 길목
밤을 새워 밝히네

백매화

운현궁
노락당 老樂堂에
터지는 고고지성

서럽고
모진 세월
임 생각 홀로 견뎌

춘설이
흩날리는 날
산고 끝에 해산했네

이른 봄날에

산수유 매화꽃
진달래가 피어나고
메마른 가지에는
연록 잎새 솟아나네
청솔모
아찔한 곡예에
숲속이 깨어난다

내리는 보슬비에
수목은 물을 잣고
새들은 짝을 찾아
노래하며 나는구나
풋풋한
생명의 에너지가
온 산하에 가득하다

진달래꽃

누구를
기다릴까
오늘은 오시려나

수줍은 듯 멋쩍은 듯
얼굴 붉힌 분홍 댕기

가슴 속
숨겨둔 사랑
저리 붉게 타올랐네

봄이 오는 길목

세상 밖 호기심에 이리 쫑긋 저리 쫑긋
파릇파릇 머리 내미는 이름 모를 새싹들
노오란
병아리 떼처럼
예서제서 종알댄다

상큼한 봄 내음에 약수 한잔 마시고
기지개 활짝 켜니 발걸음도 가벼운데
새봄이
오는 길목에
애드벌룬 높이 떴다

축제祝祭

연두색
산새 소리
오솔길을 물들이고

자목련
꽃송이에
내려앉은 파란 하늘

꽃들은
윗마을 큰 잔치에
앞다투며 나선다.

목련

설한풍雪寒風
눈발 속에
껍질 여며 감추고

가지 끝 망울망울
숨소리도 깊고 깊다

새 생명
세상 여는 날
고고呱呱소리 들릴까

오월의 숲

황매산 산마루에 붉은 해가 떠오르면
산자락을 휘어 감은 운해가 넘실댄다
계곡은
햇빛이 가득
어머니 품속 같다

골짜기는 흐르는 물소리로 청량하며
숲들은 지난 밤 꿈에서 깨어난 듯
고요 속
꽃잎 지는 길에
산새 소리 흩날린다

장미

유월이
숲을 깨워
빗질하는 아침나절

새빨간
장미꽃이
햇살을 털고 있다

잎새로
가시를 감추고
요염하게 웃고 있네

바겐세일

한여름
땀에 젖어
등산로를 걷는다

태양은
숲 터널까지
불가마로 만들더니

급기야
복더위 대량 생산
바겐세일 한창이네

폭염

불가마
한증막에
속절없이 갇히었네

단단히
잠긴 빗장
소낙비도 못 푸네

가을은
활짝 열겠지
어서 달려 오시게

단풍 신부 新婦

곱디곱게 단장한
예쁜 단풍 신부여

밝디밝은
아침 햇살
신랑으로 맞이하여

찬란한
햇빛 속으로
어화둥둥 시집가네

가을 단상

1
황홀한 색깔로
물든 단풍 너를 보면
내 나이쯤 되었겠지
수굿이 붉은 모습
내 영혼
예쁜 단풍처럼
곱게 곱게 익었을까

2
삭풍이 몰아치는
혹한이 곧 오겠지
가진 것 겸손히
다 비우는 나목처럼
저만한
겸손과 지혜가
나에게도 있을는지

늦가을

적요寂寥 속
가을이
익어가는 소리들

오색 옷
고운 자태
저마다 뽐내지만

다가올
혹한을 예감하며
새 의지를 다진다

코스모스

하이얀 엷은 햇살
누워있는 길섶에

야윈 몸
하늘하늘
가냘픈 목을 뽑아

눈가엔
그리움 가득
눈물만 그렁그렁

가을 소리

고운 색
낙엽들이
흩날리는 산사에서

바람과
풍경소리는
깊은 가을을 연주한다

뚝 뚝 뚝
떨어지는 잎새는
오선지에 음표인가

연민

삭풍이
산길에서
갈잎을 연주한다

가슴을 파고드는
애절한 심포니는

마지막
순절해 가는
낙엽의 흐느낌

계절

햇빛이
부유浮遊하며
한낮을 덮는다

여름은 빛 속으로
스러지듯 빠져들고

그 빛은
새로운 계절을
쉼표 없이 쏟아낸다

눈길을 걸으며

밤새워 내린 눈이
하얗게 쌓인 산길
밝고 맑은 설국雪國을
바라보며 걸어갈 때
내 영혼
깊은 곳에서
맑은 물이 솟는다

무거운 삶의 무게가
어깨를 짓눌러도
길고 긴 이 설한雪寒이
지나가면 봄이 오듯
우리가
꿈꾸는 세상
새벽같이 오리라

제6부 반전의 꿈

반전反轉의 꿈

난무하는 뉴스 속에
시야가 흐릿하다
용기와 의지마저
어둠 속에 묻어둔 채
지상은
생멸生滅의 무대
몰아치는 태풍인가

손발 없는 말[言]들이
이리 뛰고 저리 뛰고
이념의 그물망이
목줄을 조여와도
새벽녘
거짓 성城들이
무너지는 꿈을 꾼다

얼룩진 봄

흐릿한 시야 속에 울긋불긋 선거 벽보
답 없는 아우성이 귓가를 때릴 때면
연초록 고운 봄날은 허적증을 앓는다

서로의 속내를 가면 속에 숨긴 채
밝음과 어두움이 격전하는 무대에는
하이얀 벚꽃잎들이 흰 눈처럼 날린다

안개 속 골은 깊고 갈 길은 묘연한데
잃은 길 찾아 나선 발길마다 비장하니
머잖아 당도하겠네, 희망 실은 천마 한 필

구직자

찬 바람 몰아치는 골목길 어귀에는
전봇대 전단지가 각질처럼 벗겨지며
취한 듯 비틀거리는 사람들이 웅성인다

흉흉한 소문들로 온 땅은 뒤덮이고
기름진 위선자들 악취 나는 선동 속에
거짓은 의혹을 쌓고 우울증만 더해간다

인내의 한계점은 시시로 다가오고
절망의 두려움이 목구멍을 조이는데
계기판 경고 수치는 비상등을 번쩍인다

광장의 저 함성을 새도록 베고 누워
허리끈 동여매고 해산날을 손꼽으며
하얗게 지새는 심회心懷 불면증만 더해간다

공공의 적

시류 따라
떼를 지어
모이고 흩어지고

굿거리 한판 춤에
해 지는 줄 모르며

숨겨진
발톱을 세워
기회만을 노린다

우이령 길

아픔이 덧쌓이는 우이령 고갯길에
대전차 장애물엔 사연만 가득한데
세월은 고장이 났나 잡초만 무성하다

1.21 놀란 가슴 아직도 아프건만
이 무슨 특보인가 연평도 날벼락이
자라에 놀란 가슴이 솥뚜껑에 또 놀란다

불공정不公正

땀방울
땅에 뿌려
일궈놓은 황금 들녘

힘없는
민초들은
숨소리도 잦아드는데

진종일
온갖 잡새들만
무시로 넘친다

연鳶

너섬의 상공은 연鳶들의 경연장인가
더 높게 오르려고 용틀임을 하는구나
모두가 우러러보는 귀한 몸이 되겠다고

연들은 그 누가 만들었고 띄웠을까
민초들의 아픈 소리 높이 떠서 안 들리나
잡 연은 가득하다만 도토리 키재기구나

해 질 녘 얼레 줄을 빠르게 감아챈다
이리저리 버티어도 속절없이 곤두박질
아는가 연의 주인은 얼레 줄을 감는 일세

유전자

금가고 조각나고
사분오열 고질병

내 탓 아닌
네 탓만
홰치듯 펄떡인다

끝끝내
풀리지 않는
미궁迷宮의 유전자

의혹

무엇이 차가운
광장으로 내몰았나

움츠러든
관절마다
통증이 심하구나

오늘도
대답 없는 메아리
내공을 쌓고 있다

탈북민

매몰차게
몰아치는
혹한이 닥쳐와도

메마른 뿌리에서
새싹이 돋아나듯

기어이
자유를 찾는
맥박 소리 요동친다

증언

구름 위를 날고 날아 지구 저편 이역만리
육신은 고달파도 마음만은 열린 지평
차라리
멀리 떠나야
잊혀지는 진흙탕

긴 세월 역경 속에 상흔뿐인 동구권
한줄기 타산지석 소리 없는 증언인걸
전설 속
백마 탄 임은
어디쯤 오고 있나

팔당댐

퍼붓는 장대비에
강물은 노도怒濤 같고

수위는 숨 가쁘게
경계선을 넘나든다

터졌네
성난 민심民心이
물 폭탄을 퍼붓는다

민들레꽃·2

낮고 낮은 곳을 찾아
다소곳이 피었네

봄 무대 마다 않고
무대 뒤에 피는 꽃

때 되면
홀씨가 되어
꿈을 찾아 비상하리

폭설 경보

광란의
눈발들이
밤새워 몰아쳤다

혼란의 대설국이
지난밤 세워졌네

왜일까
기상마저도
민초들을 외면하네

월정리역*

기억마저 덮으려나 쌓이는 저 낙엽들
기적 소리 울부짖던 원산행 완행열차
반백 년 녹슨 잔해를 가을빛이 휘감는다

핏빛으로 물든 산하 탄혈마다 꽃 피워도
동강 난 반도 허리 먹구름이 덮일 때면
또다시 동공을 키워 북녘 하늘 바라본다

바램은 낙엽처럼 흩어져 겹쌓이고
기약 없는 한랭 전선 절규하는 철마여
눈보라 몰아치기 전 툭툭 털고 일어서라

갈대숲 우는 소리 스산한 비무장지대
철마는 달리고 싶다 유라시아 대 평원을
생과 사 경역境域을 넘어 이 세상 저 끝까지

*비무장지대 남방 한계선에 최근접(철원)한 경원선의 간이역.

낮달

가도 가도
끝이 없는
스페인의 올리브밭

언덕 위에
빨간 집은
햇빛에 반짝이고

길 떠난
하얀 낮달은
주유천하 하는구나

대리代理전

코로나 바이러스 선전포고 언제 했나
총칼 없는 병사는 마스크로 대적하며
국경을
넘어온 코로나와
목숨 걸고 싸운다

세상은 넓고 넓은 바이러스 무대인가
아마존 원주민도 밀림 속에 쓰러지고
육해공
어느 한 곳도
피할 곳이 없구나

업보業報

한 번도
못 본 세상
마스크 일색이네

코로나
분탕질로
얻는 것이 무엇인가

섭리에
반한 업보인가
앙가슴만 터진다

대은大隱공을 기리며

부침浮沈하는 역사 속 혼돈의 동토에서
휘감는 불의마다 낱낱이 바로 잡아
한줄기 충절의 빛으로 오늘을 이어 온다

어둠을 걷어내는 정의의 외침으로
체념의 장막 걷고 불길처럼 일어서서
칼처럼 벼린 양심을 마음에 새겼구나

바람은 기약 없이 세월을 실어 날고
울렁이는 난기류로 신음하는 이 산하에
절의념節義念 빛나는 보석 하늘 아래 빛난다

심혼心魂의 울림
- 고 일상一常 김광수金光洙선생을 추모하며

하동땅 양보 예동 산 높고 물도 맑고
섬진강 은물결이 출렁이며 굽이치는
꿈 같던 시인의 영토 가슴속에 품어온 곳

언제나 단아하고 꼿꼿한 심성으로
창작에 심취하던 선생의 그 모습
가쁜 숨 견디어 내며 고향 땅을 거니실까

반세기 오직 한 길 감성 어린 붓끝으로
누구도 범치 못할 운문韻文의 성을 쌓고
세상에 하나밖에 없는 명품 시조를 엮으셨다

열정을 불태우며 빚고 빚은 명시조들
심혼心魂에 울림되어 시혼詩魂을 일깨운다
이제는 저 천국에서 영생을 누리소서

■ 평설

사색과 묵상의 길을 탐색하는 시객詩客
- 우성훈 시인의 시조와 시세계

이석규
(시조시인, 가천대 명예교수)

1. 들어가며

필자가 우성훈 시인을 처음 만난 것은 2012년 4월 7일 대전에서 열린 한국시조사랑운동본부(사단법인 한국시조협회 전신)의 창립식장에서다. 그때 공원 뜨락을 함께 거닐면서 새로 창립하는 시조 단체의 명칭을 정하는 문제를 의논했었다.

첫인상이 반듯하고 단아했으며 한 마디로 청수淸秀한 선비 대하는 것 같은 느낌이었다. 그 뒤 협회에서 여러 일을 함께 의논하고 협력해가는 과정에서 더욱 서로를 이해하고 신뢰하게 되었으며, 정도 많이 들었다. 일 처리가 분명하고 깨끗했으며 늘 겸손하고 마음가짐이 편안해서 저절로 믿음이 가는 분이었다. 그러다 보니 평생지기처럼 지내게 되었고, 얼마 동안 못 만나면 생각이 나고 연락하고 싶은 사이가 되었다.

평소에 그의 시조를 읽으면서, 역시 언어 감각이 뛰어나고, 감수성이 섬세하고 부드러우며, 특히 심미적인 안목이 남다르다고 느껴왔다.

그런데 이번에 발간하는 시조집 『카이로스와 시인』의 원고를 읽으면서 그의 자연과 이웃에 관한 관심과 사랑이 매우 곡진하다는 것을 새삼 느끼게 되었다. 또한 사회와 겨레 그리고 나라에 대한 충정衷情이 깊고 진실하다는 것을 확실히 알게 되었다.

그는 또한 크리스천으로서 믿음이 독실한 분이다. 항상 사색, 기도와 묵상 등을 통하여 자신의 본성과 본질에 대하여 정제된 신념을 갖고 있는바, 이에 대하여 필자도 깊이 공감하게 되었다. 끝없는 성찰과 영적 수련으로 얻은 깨달음을 바탕으로, 확고한 가치관을 정립하고 있으며, 삶의 진정한 의미를 반추하면서 쉬지 않고 정진하는 생활 모습이 참으로 진지하고 경건해 보인다. 또 하나 그는 시조를 지극히 사랑하며, 창작의 발걸음을 쉬지 않는 분이다.

우성훈 시인의 이러한 노력과 성취를 마음에 두고 그의 시 세계와 작품들을 살펴보고자 한다.

2. 시 세계

심미적 감각

이제 겨우 21세기의 초입인데, 코로나 이후 더욱 가속화되고 있는 제4차 산업혁명 등 초 현대문명의 거센 물결이 휘몰아치고 있다. 이러한 시대적 여건 속에서, 눈앞에 닥친 현실 속의 더 심각한 삶의 문제를 다루는 것이, 문학예술의 본령이 되어야 한다는 주장은 매우 설득력이 있다. 그러나 다른 한편에서는 시대를 초월하는 대자연과 그 자연과의 교감으로 인간 내면의 진선미를 추구하고, 그것을 일상에서 발현하는 정신활동의 중요성은, 역설적이지만 오히려 더욱 필요한 실정이다.

우성훈 시인의 시적 동기와 발단은 바로 그 분기점에서 출발한다. 그리하여 그의 작품 속에 스며있는 시상詩想은, 먼저 그의 인품처럼 우아한 감수성이 바탕을 이룬다. 때로는 여성적이라 할 만큼의 섬세함과 어린아이 같은 천진난만함이 스며있다. 이를 소중하게 지니며, 가꾸어가고 있음에 대하여 우선 지지의 박수를 보내고 싶다.

세상 밖 호기심에 이리 쫑긋 저리 쫑긋
파릇파릇 머리 내미는 이름 모를 새싹들
노오란 병아리 떼처럼 예서제서 종알댄다

「봄이 오는 길목」 첫 수

화자의 성품처럼 맑고 깨끗하다. 섬세하고 간결하다. 파릇파릇 머리를 내미는 새싹들의 모습이 병아리 떼처럼 고물고물 귀엽기 짝이 없다. 필요 없는 수식은 찾아볼 수 없다. 봄 내음처럼 상큼한 약수 한 잔 마시며, 봄이 흐르는 하늘을 바라보는 화자의 모습(둘째 수)이 눈에 보이는 듯하다.

유월이 / 숲을 깨워 / 빗질하는 아침나절 //
새빨간 / 장미꽃이 / 햇살을 털고 있다 //
잎새로 / 가시를 감추고 / 요염하게 웃고 있네
「장미」 전문

"유월이 숲을 깨워 빗질한"다든가, "장미꽃이 햇살을 털고 있다"와 같은 구절들은 개성적이며 사뭇 감각적이다. 어여쁘고 여성적이기까지 하다. 싱그럽기가 마치 '이해인'의 초창기 시를 대하는 것 같은 느낌이다.

운현궁 / 노락당老樂堂에 / 터지는 고고지성呱呱之聲 //
서럽고 / 모진 세월 / 임 생각 홀로 견뎌
춘설이 / 흩날리는 날 / 산고産苦 끝에 해산했네
「백매화白梅花」 전문

운현궁은 고종이 태어난 곳이며, 또한 고종과 명성황후가 가례를 치른 곳이다. 일쑤 궁중의 중요한 잔치나 행사를 베풀던 곳이기도 하다.

역사 속에 황자가 태어나듯 백매화의 꽃봉오리가 터진다. 억울하게 죽어간 황제와, 참담하게 피살당한 황후 그리고 나라를 잃은 아픔이 아직도 춘설처럼 차갑고 매서운데, 극심한 산고 끝에 민족의 염원을 이루려는 듯, 백매화가 봉오리를 활짝 터뜨린다. 화자의 역사의식과 감수성이 돋보인다.

고향

자연의 삼매경을 소요하다 보면 당연히 천진하고 순수했던 어린 시절이 눈앞에 다가선다. 마찬가지로 어린 시절을 생각하면 자연스레 고향의 아름다운 정경이 따라오기 마련이다.

> 눈 감아도 / 펼쳐지는 / 내 유년의 들녘 길엔 //
> 수줍은 봄 햇살에 / 새싹 잔치 한창이네 //
> 한나절 / 춘곤春困을 베고 / 꿈길에 든 작은 영토
> 　　　　　　「신춘 유감新春遺憾」 첫수

이 작품의 첫수는 어린 날의 그 아름답던 유토피아를. 둘

째 수는 오염에 찌든 현실을 고발하고 있다. 제목에서 보는 바와 같다.

화자가 항상 그리는 마음속의 고향은 조금도 문명의 찌꺼기에 훼손되지 않고, 순수와 순결을 소중하게 그대로 간직하고 있다. 수줍은 봄 햇살, 무수히 솟아나는 새싹들이 생명의 잔치 속에서 기쁨에 취해 있다. 말 그대로 꿈길 속에 펼쳐지는 작은 영토, 곧 유토피아다. 그것을 그대로 지키고 싶은 간곡한 화자의 마음이 잘 그려져 있다.

떠나온 / 고향 집에 / 찔레꽃은 피었을까 //
연초록 / 바람결에 / 뻐꾹 소리 실려 오면 //
내 마음 / 두고 온 그곳 / 녹색 불이 번지련만
「내 마음의 정원·1」 전문

화자에게 어린 날의 자연은 곧 고향이며, 말 그대로 화자의 내면의 정원이다. 그리하여 그는 「내 마음의 정원」을 단시조와 연시조 세 편에 그려내고 있다.

첫 편은 위에 예시된 바와 같이 고향의 꿈결 같은 아름다움을 심미적 감각으로, 「내 마음의 정원·2」는 고향의 가을 그 자연 속에서 천진하게 살아가는 평화로운 삶의 모습을 생동감 있게 표현하고 있다. 「마음의 정원·3」에서는 평안하고 그리운 어린 시절 고향을 마음속에 소중하게 간직하며 살겠다는, 절절한 고향 사랑의 진정을 토로하고 있다.

　인용 시조의 종장을 보면, 두고 온 고향에 마음도 두고 왔단다. 내 마음을 두고 온 그곳에는 녹색불이 번질 거란다. 봄날의 생명력이 언제나 불길처럼 번져가는 화자의 마음의 고향이 필자의 눈에도 선하게 떠오른다.

　　이끼 낀 뒷담 너머 반달만 한 텃밭에는
　　나비랑 꿀벌들도 분분히 날아들고
　　동구 밖 느티나무는 홀로 하늘 찌른다

　　꿈같이 흐른 세월 추억도 아련한데
　　무시로 밀려오는 그리움이 새록새록
　　반기는 사람 없어도 가고 싶은 미망迷妄이여
　　　　　　　　　　　　　　　「고향 서정抒情 첫수」

　결코 수식어를 남발하거나 감상주의에 빠지지 않는다. 또한 누구나 쉽게 다가갈 수 있는 언어를 사용하되 일반 시조들이 빠지기 쉬운, 상투적 표현에서 벗어나 있다. 오히려 너무도 가고 싶은 고향마을의 소박한 정경이, 심미적 감수성이 투영된 객관적 상관물(objective correlative)로 제시하고 있다. 감정의 예술적 객관화를 이루고 있음이다.

　　연두색 / 산새 소리 / 오솔길을 물들이고 //
　　자목련 / 꽃송이에 / 파란 하늘 내려앉아 //

꽃들은 / 윗마을 큰잔치에 / 앞다투며 나선다
「축제」 전문

다른 작품들과 똑같은 고향마을을 그리고 있다. 그러나 정적靜的인 대상을 동적動的 이미지로 완전히 바꾸어 놓고 있다. 아름답고 새롭다.

사랑

길섶에 핀 꽃들을 / 가만히 들여다보니 //
들길 따라 뛰놀던 / 고향 집도 보이고 //
어머니 / 보고픈 얼굴도 / 꽃 속에서 보이네
「그리움」 첫수

고향을 생각하면 훈훈하고 포근하던 동네 어른이나 정든 벗들이 저절로 떠오른다. 그중에서도 가장 보고 싶은 얼굴은 더 말할 것 없이 어머니시다. 하늘을 봐도 시골 풍경을 생각만 해도, 이 작품에서 보듯이 예쁜 꽃송이를 들여다보기만 해도 막무가내로 어머니가 떠오른다. 세월이 가도 나이를 아무리 먹어도 변함이 없다.

낳아주시고 키워주셨을 뿐 아니라, 태어나 의식을 분별하기 전부터, 아니 배 속에 있을 때부터 생명과 영혼을 다하여 아낌없이 사랑을 베풀어주신 분이기 때문이다. 어머니는 사랑의 첫 경험이요, 죽을 때까지 변함없는 사랑이며, 영원히 지울 수 없는 사랑의 표상이다. 어찌 그립지 않겠는가?

화자는 여러 시조에서 어머니에 대한 그리움을 노래하고 있다. 사모곡思母曲이란 제목만으로도 네 편을 쓰고 있다. 모두가 다 애절하지만 세 번째 작품만 살펴보고자 한다.

아카시아 / 하얀 꽃잎 / 봄바람에 흩날리던 밤 //
묻어둔 / 가슴앓이 / 꽃향기로 피워 내고 //
여명 속 / 새벽길 따라 / 홀로 가신 어머니
「사모곡 3」 전문

어머니가 떠나시던 날의 한 장면이다. 아카시아 꽃잎이 봄바람에 날리던 밤, 자식 사랑에 삭아버린 가슴이지만 꽃보다 더한 사랑의 향기로 마지막을 보여주셨다고 한다. 그렇게 화자에게 말할 수 없는 슬픔과 감동을 남긴 채 홀로 떠나가셨다고 회상한다.

우성훈 시인은 다른 시조 「고향의 서정」 첫수에서는 "햇빛에 반짝이는 신록의 재잘거림 / 가없는 하늘가엔 종달새의 맑은 노래 / 어머니 아니 계셔도 살아 계신 어머니"라고 노래한다. 오랜 시간이 지났지만, 시인의 마음의 고향에는, 신록이든 종달새의 노래든 그 어느 것이든, 아름다운 것의 형상 속에는 반드시 자애롭고 정다운 어머니가 활짝 웃으며 반기신다. 그렇게 생명으로, 사랑으로 연결된 어머니를 막무가내로 그리워하고 있다.

  옷깃 여며 따라나선 차가운 섣달 끝에
  열네 살 까까머리 두렵고 설레인다
  엄하신 손길에 이끌려 간 외로 앉은 하숙집

  나어린 나만 두고 막차로 가신 날 밤
  외로움에 밤은 깊어 겨울비도 울먹였다
  그 아픔 사려서 안고 홀로서기 시작한 날
           「부정父情」 전문

 사람의 한평생 동안 많은 교육을 받지만 그 중 가장 중요한 것이 가정교육이다. 그것은 부모님 곧 엄부자모嚴父慈母로부터 시작되며 결국 그 부모님으로 끝난다. 자모란 자애로운 어머니, 희생과 헌신 그리고 정성의 표상이다.
 그에 비하여 아버지의 사랑은 엄부嚴父로 제유提喩된다. 엄부란 의미는 본래 공포나 두려움의 대상으로서의 그것이 아니다. 오히려 감정에 휩쓸림으로 말미암아 게으르거나 비뚤어지는 것을 막고 바로 잡아주는, 이를테면 절제와 극기를 기르는 가르침이다. 그것을 지켜나가는 데 있어서, 진실로 아버지 된 자는 무한한 자애와 인자함을 속으로 꽉 눌

러둔 채 흔들림이 없어야 한다. 시종일관 한결같음을 견지하는 다른 차원의 깊은 사랑이다. 그것이 엄부의 역할이다.

시의 화자는, '도시 중학교로 유학 가다'라는 부제가 붙은 이 시조에서, 나이 어린 자신을 홀로 남겨두고 떠나가신 아버지의, 겉으로는 무정해 보이지만, 속으로 깊은 그 사랑으로 "홀로서기를 시작"했다고 고백한다.

어머니의 정서적 안정을 이루어주시는 가르침과 아버지의 한결같은 엄하심으로 홀로 서서 앞길을 개척해 나아가는 자립을 이루어 내는, 우리네 교육의 아름답고 완벽한 조화가 이 시조를 통하여 공감으로 다가선다. 화자의 눈물을 바라보면서도 웃으며 박수를 보내고 싶다.

　　할머니가 들려주신 정다운 옛날이야기
　　어느새 자장가 되어 스르르 잠이 들 때
　　가슴엔 맑은 샘물이 깊게 깊게 스며든다
　　　　　　　　　　　　　　　「울 할머니」첫수

어떤 면에서는 부모보다 더욱 순수하고 편안한 할머니 할아버지의 사랑을 화자는 충분히 받고 자라난 복 많은 세대임을 보여준다. 오늘을 사는 어린 세대들도 이처럼 여러 어른의 사랑을 듬뿍 받고 자랄 수 있다면, 비록 급변하는 물질만능의 현대사회라 할지라도 얼마나 밝고 따뜻해질 수 있을까? 진실로 인간의 정리情理가 통하는 세상이 요즘 더욱 절실하다.

> 소한小寒이 지나가고 / 흰 눈이 분분한 날 //
> 머리엔 흰 눈을 이고 / 동창생들이 모여든다 //
> 입가엔 / 열아홉 비밀 / 그윽이 간직한 채
> 　　　　　　　　　　　　　　「뚝섬 포럼」 첫수

　많은 세월이 지난 후, 소식 없던 벗들이 모여서 정다움을 나눈다. 공자님의 "유붕有朋이 자원방래自遠方來하니 불역낙호不亦樂乎아" 그대로다. 벗들이 공간적으로는 저마다 먼 곳에서 왔을 뿐만 아니라 시간적으로도 오랜 세월이 지난 후에 모였다. 머리는 하얗게 셌지만, 열아홉의 순수와 우정은 그대로다. 동문朋이기도 하지만 벗友이다. 오랜만에 느끼는 반가움과 기쁨이 충만하다. 종장 "입가엔 / 열아홉 비밀 / 그윽이 간직한 채"는, 반가움으로 밀려오는 기쁨, 속으로 감춘 그들만의 이야기, 그들만의 비밀스러운 세상을 은근하게 자랑한 절창이다.

> 회색빛 / 오솔길에 / 까치 소리 떨어지네 //
> 반가운 / 죽마고우 / 기별 없이 오시려나 //
> 함박눈 / 나의 오랜 친구 / 한걸음에 오시게나
> 　　　　　　　　　　　　　　「함박눈」 전문

함박눈은 소소한 일상생활 속에서 어쩌다 얻는 행운이다. 그것을 심미적 관점에서 벗에 대한 사랑과 기대로 결부시킨다. 반가운 벗이 찾아올 것을 예고하는 까치울음이 눈송이로 치환되면서, 시인의 마음에는 이미 눈과 벗이 동일시되고 있다. 그리하여 오랜 기다림 속에 뜻밖에 만나는 반가움과 정다움이, 그 서정이 물씬 풍기는 절품이다.

우성훈 시인의 사람 사랑은 여기서 멈추지 않는다. 「구직자」, 「포구와 아낙」 등에서는, 우리 주변에서 발견되는 약자에 대한 이해를 촉구하고, 책임을 강조한다.

그의 시조에는 자연에 대하여, 고향에 대하여 그리고 어머니를 비롯한 다양한 사람에 대하여, 무한한 애정과 정다움 그리고 근심과 걱정을 노래하기를 멈추지 않는다. 따뜻한 인간애가 넘치는 세계에 살고 있음이다.

> 어둡고 / 외론 곳에 / 다소곳이 머리 숙여 //
> 오손도손 서로를 / 아끼며 살아가는 //
> 초록빛 / 해맑은 미소 / 정겨운 이끼 세상
> 　　　　　　　　　　　　　　「이끼」 전문

음습한 환경에서 시선조차 잘 끌지도 못하는 게 하잘것없어 보이는 이끼들조차 서로 돕고 의지한다. 사랑과 그 사랑으로 창출해 내는 정겨운 이끼의 세상에서, 인간의 순수를 발견하고 인간세계의 소망을 찾는 화자의 의도가 참 아름답다.

풍자와 비판 그리고 충정

> 난무하는 뉴스 속에 / 시야가 흐릿하다
> 용기와 의지마저 / 어둠 속에 묻어둔 채
> 지상은 / 생멸生滅의 무대 / 몰아치는 태풍인가 //
>
> 손발 없는 말[言]들이 / 이리 뛰고 저리 뛰고 /
> 이념의 그물망이 / 목줄을 조여와도
> 새벽녘 / 거짓 성城들이 // 무너지는 꿈을 꾼다
> 「반전反轉의 꿈」 전문

인류 역사와 함께 공존해온 다툼, 곧 진실과 거짓, 정의와 불의의 대립에 관한 화자의 관점이다. 아울러 희망이 없어 보이는 우리 사회에 대한 풍자요 비판이다

현실적으로는 용기, 정의 그리고 사랑은 어둠 속에 묻혀 버린 것 같다. "손발 없는 말[言]들이 설치고 뛰[馬]"는 말의 폭력과, 이념을 빙자한 탐욕이 그물망처럼 목줄을 조여 온다고 탄식한다. 그러나 시인은 분연히 외친다. 새벽이 되면

거짓으로 세워진 이 세상을 지배하는 국가 사회적 악의 카르텔은 무너져 내릴 것이라고. 새날에는 새로운 햇빛이 비칠 것이라고. 어둠 속에서도 긍정과 희망을 놓지 않고 승리의 꿈을 노래한다.

말을 言과 馬로 나타낸 중의적(ambiguious) 표현이 재미있다. 국가사회 현실을 품위 있게 그러나 강도 높게 비판하면서도 긍정의 꿈을 제시하는 가작이다.

> 퍼붓는 장대비에 / 강물은 노도怒濤같고 //
> 수위는 숨 가쁘게 / 경계선을 넘나든다 //
> 터졌네 / 성난 민심民心은 / 물 폭탄을 쏟아 낸다
> 「팔당댐」 전문

이 시조는 「반전의 꿈」보다 더 악화된 마지막 상태다. 거짓과 불의, 편을 가른 증오, 음해, 다툼의 폭우가 수위의 한계를 넘게 되면, 결국 성난 민심이 터져서 물 폭탄으로 세상을 쓸어낼 것이라고, 팔당댐을 국가사회의 현실에 비유하여 비판하고 풍자한다.

이쯤에서 다음 시조 「개미」를 살펴보자. 나라와 민족의 차원 높은 번영에의 꿈을 풍유적으로 멋지게 제시하고 있지 않은가!.

끝없는 개미들의 / 행군이 수상하다 //
무엇을 물고 지고 / 개미허리 휘는구나 //
언제나 / 인도자 없이도 / 한마음 한뜻이네 //

장마가 오기 전에 / 수방 공사 벌였나 //
유비무환 큰 지혜 / 개미들의 산교육 //
돔 동네 / 대표 선수들 / 배워야 할 필수과목

「개미」 전문

개미는 우리 인간에 비할 수 없는 미물에 지나지 않는다. 그러나 화자는 개미들을 관찰하면서 놀라움을 넘어 감동에 깊이 빠져든다. 약하디약한 작은 몸이지만, 상상할 수 없는 중노동을 자발적으로 해낸다. 누가 시키는 것도 아닌데 근면과 성실을 다한다. 거시적 안목을 가진 지휘자가 있어 체계와 질서를 따라 명령하고 감독하는 것이 아니다. 그들은 자발적으로 구성원 모두가 각각의 맡은 일을 해낸다. 일이 본말이나 전후좌우의 사정이나 형편을 살피는 것도 아니고 누가 나무와 숲을 가르쳐주는 것도 아니다. 그런데도 그들은 협동하고 전체의 균형을 이루며, 앞날의 환난을 준비하고 방비한다.

요컨대 시의 화자는 개미를 통하여 우리 민족에게 묵묵히 살신성인하는 모범을 제시하고 있다. 바로 화자가 꿈꾸는 개인과 사회의 이상적인 실제 모습이기 때문이다.

우성훈 시인은 이밖에도 「대리전」, 「들꽃」, 「불공정」, 「불나비」… 등 많은 가작들을 통해, 우리 사회의 바른 발전을 위한 다양한 풍자와 비판을 담고 있다.

> 밤새워 내리는 눈 그칠 줄을 모르고
> 뼈저린 그 아픔을 매만지며 덮으려나
> 북한산 / 순례길에는 / 흰 눈마저 흐느낀다. //
> 그날의 그 외침은 역사 속에 잊혀가고
> 4·19 열사 광복군도 소리 없는 외침뿐
> 가신 임 / 뵐 수 없어도 / 살아있는 무궁화꽃
> 「순례길」 전문

눈 내리는 북한산 순례길을 지나며, 펼쳐진 천년의 도성 都城 서울을 바라본다. 겨레의 독립과 민족 정의를 실현하기 위하여 사자후를 토하던 의사, 열사를 비롯한 애국선열들을 추억한다. 피눈물 나는 안타까운 역사를 흰 눈마저 흐느끼는 것 같다.

이제는 모두 역사 속으로 사라져버리고 흔적조차 찾기 어렵지만, 그들의 피맺힌 외침과 민족정기는 오늘의 문화 과학의 대한민국으로 새롭게 꽃피고 있음에 대하여, 회한 속에서도 감사와 소망으로 가득하다. "가신 임 / 뵐 수 없어도 / 살아 있는 무궁화꽃" 등에서 적절하고 아름다운 은유, 의인, 대조, 환유 등 수사를 통하여 시인의 애국충정이 효율

적으로 선명하게 드러나고 있다.

국가 사회에 대하여 이어지는 우성훈 시인의 풍자나 비판 등은, 「순례길」, 「월정리역」 등에서 보는 바와 같이 가슴 깊은 곳에서 우러나는, 그의 남다른 애국충정의 발로임을 확인할 수 있다. 그렇게 우리의 영광스러운 미래를 소망하며 또한 확신한다.

믿음, 묵상, 성찰

우성훈 시인의 신앙에 관한 작품은 더 있지만 여기서는 두 편만 살피도록 하겠다.

> 꿈속에서 보았던 그 바닷가 거닐 때
> 살며시 다가와서 잡아주신 따뜻한 손
> 영원한 사랑의 향기 잊지 못할 갈릴리
>
> 거라사 불빛들이 물결 위로 밀려온다
> 영겁이 흘러가도 사랑은 머무는 것
> 갈릴리 드넓은 호수에 내 가슴을 묻는다
> 　　　　　　　　　　　「갈릴리 호숫가에서」 2, 3수

갈릴리 호수는 언제나 사랑의 기억으로 출렁대는 화자의 가슴으로 묘사된다. 깊은 기도와 명상 중에 말없이 다가와

거룩한 사랑을 가르쳐 주신 그분, 그 손길의 감촉, 그 뒤로부터 시의 화자는 결코 잊을 수도, 떠날 수도 없는 그 향기와 실체를 영원히 가슴에 담아 간직하게 된다. 그의 영혼을 단숨에 사로잡은, 소중한 믿음의 현장을 새롭고 간곡하게 구체화하고 있다.

> 등에는 채찍 맞아 / 찢기고 피 흘리며 //
> 머리엔 가시 면류관 / 멸시 조롱당한 채로 //
> 십자가 / 우리 죄 다 지시고 / 그 길(을) 홀로 가셨네
> 「비아 돌로사」 전문

'-고난 주간에'라는 부제가 붙은 이 시조는 그가 믿는 거룩한 분, 예수 그리스도가 치욕과 고통 속에 십자가에 달려 스스로 죽음의 길을 가는 참담한 현장을 그리고 있다. 특히 종장의 '…우리 죄 다 지고/ 그 길을 홀로 가셨'다는 부분은 그분의 거룩한 모습, 희생적 사랑을 생생하게 보여줄 뿐 아니라, 화자 자신의 부끄러움과 죄송한 마음조차 절절히 담아내고 있다.

> 수목들과 꽃들이 눈부시게 피어나고
> 청량한 새 소리가 / 화폭 위에 떨어진다
> 한사코 / 명화를 그려가는 / 그분은 누구일까

혹한의 모든 고난 훠이 훠이 다 벗고
생명의 힘찬 몸짓 / 앞다투며 일어설 때
봄날은 / 그분이 그리는 / 천국의 수채화지
「봄날은 수채화」 전문

봄날의 정경이 너무 아름다워 상상을 초월한다. "청량한 새소리가 / 화폭 위에 떨어진다."는, 화자의 심미적 감동을 청각, 시각, 촉각으로 동시에 호소하는 은유로서 공감을 불러 일으키기에 충분하다.

봄 속에는 힘이 있다. 생명이 있다. 고통, 고난 다 벗어 던지고 힘차게 일어선다. 생명의 생동감이 살아난다. 그것은 현재의 세상이 아니라 신이 그리는 새 세상이라고밖에 달리 표현할 길이 없다. 믿음의 영안으로 체험하는 봄날의 예찬이다.

선반 위 / 올려놓은 / 달콤한 꿀단지에 //
기어이 기어올라 / 빠져 죽는 개미지옥 //
끝없이 / 꿀단지 찾는 / 인간의 탐욕이여
「탐욕」 전문

이 시조는, 다른 시조 「폼페이의 원혼」, 「허욕」 등에서와 같이, 세상사에 대한 통찰과 내면적 성찰을 통하여 인간의 탐욕의 무상함을 깊이 깨닫고 그것을 경계하고 있다. 나아가 미망을 벗어나야 하는 인간의 과제를 보여주고 있다. 추상적 현상을 구상화한 가작이다.

사색, 성찰, 깨달음

> 난 정말 시냇가에 심겨진 나무일까
> 내 뿌리는 어디를 향하여 뻗어 왔나
> 쉴 만한 맑은 물가로 길고 깊게 내렸을까
>
> 세차게 빗줄기가 창문을 때리는 밤
> 심혼을 비춰보는 어리석은 이 사람도
> 철 따라 열매가 풍성한 나무이길 소망한다
>
> 「사색」 전문

깊은 사색과 묵상 속에서 자신의 삶이 거짓이나 불의가 아닌, 오직 진리를 향하여, 선하고 아름답게 살아가고 있는지를 하나하나 점검하고 확인한다. 기회와 자질을 낭비하지 않고 근면성실하게 성취를 이루어 가는 삶을 추구한다. 하늘의 뜻을 따른, 참다운 열매 맺기를 기도하는 구도자의 참모습이다.

성찰에 관한 다른 시조 「신호등」은 잘못 간 길에서 돌이키기가 얼마나 어려운지를 깊은 탄식으로 경종을 울린다.

사색과 성찰, 묵상과 기도로 깨달음을 향하여 정진하고자 하는 화자의 인생관을 보게 된다.

상행선 / 하행선이 / 교차하는 간이역 //
한사코 / 길 떠나는 / 비정한 저 나그네 //
아픔만 / 심해心海에 풀고 / 손사래 치며 가네
「가는 해」 전문

초침 한 칸 사이로 묵은해가 지나가고 새해가 밀려온다. 이 시간의 교차점을, 상하행선 열차가 교차하는 간이역으로 형상화되어 있다.

말려도, 말려도 그예 떠나가고야 마는 '비정한 저 나그네', '손사래 치며 가네'는 서운함 또는 회한悔恨을 담고 사라져가는 묵은해의 의인화요 감정이입이다. 종장은 지나간 한 해가 남겨놓은 흔적이다. 심해深海는 화자의 가슴이지만, 독자의 가슴이며 나아가 크고 넓은 우리 사회의 가슴이다. '손사래 치며 간다'에서는 가는 해의 덧없음, 비정함, 그 아픔의 리얼리티가 묻어난다. 언어예술의 묘를 보여주는 매우 잘 발효된 명품이다.

하늘과 수평선이 / 하나로 포개지고 //
시작도 끝도 모를 / 무한의 시공時空 앞에 //
달려온 / 파도의 전언 / 인생은 점點이라고

「점點」 전문

「점」 역시 「가는 해」와 같은 차원에서 시간과 공간에 서 있는 인간이라는 유한하고 외로운 존재에 대한 자기인식이다. 실로 시간적 공간적 무한 속에서 인간은, '점'에 불과할 것이다. 이러한 깨달음을 통하여 시인은 스스로를 비우고 겸손하게 신 앞에서 옷깃을 여미는 것이 아닐까! 시인의 사유思惟의 깊이를 느끼게 해준다.

불빛이 꺼지자 / 모든 것이 사라졌다 //
마음의 등 / 밝히고 / 맑은 혼을 곧추세워 //
단단한 / 껍질 밖으로 / 황홀하게 나온다
「시상詩想」 전문

시상詩想, 그것은 사색 또는 무념무상의 명상 속에 영감靈感으로 번뜩이는 생각의 번갯불이다. 화자는 그것을 '마음의 등', '맑은 혼'으로 형상화하고 있다. 그것은 또한 일상이라는 또는 인간의 한계라는 단단한 껍데기를, 송곳 같은 투명한 의지로 뚫고 솟아오르는 맑고 밝은 영혼의 이미지다. 무상無常을 뛰어넘는 '시상詩想'의 모습을 멋지게 형상화하고 있다.

기억의 저편으로 무심히 가는 시간
　　먼동 트는 첫 새벽을 / 글방에 옮겨다가
　　심혼을 / 춤추게 하는 / 글동자를 낳고 싶다 //

　　광음은 덧없어도 영원한 나의 피안彼岸
　　사랑과 행복 찾아 인생길을 달려가듯
　　시인은 / 카이로스를 / 찾아가는 길손인가
　　　　　　　　　　　　「카이로스와 시인」 전문

　시간은 모든 존재에게 주어진다. 모든 존재의 시간은 미래에서 현재를 거쳐 과거 속으로 순식간에 사라져간다. 이런 현상의 지속이다. 잡을 수도, 그냥 뛰어넘어버릴 수도 없다. 그렇다고 시간을 그냥 아무 의미도 없이 사라져버리게 두고 싶지도 않다.

　하늘이 주신 시간, 신이 계획하고 운영하는, 시간의 비밀을 알고 싶다. 그것의 동기와 빌미를, 그 진실을 찾아서 탐색하고자 한다. 그것은 어쩌면 사랑일 것이다. 어쩌면 진리와 생명일 수도 있다. 화자는 나의 시간이 아니라, 하늘의 시간과 그 의미를 찾아 시상詩想을 얻고, 그것을 시조時調로 형상화하고 싶은 것이다.

　그러므로 여기서 시인은 깊은 사색과 명상을 통하여 하늘의 진실을 찾는 나그네다. 그것이 시인의 길이고 사명이다. 바르고 건강한 시인의 길, 인간의 길을 이 작품은 제시하고 있다.

3. 마무리

  우성훈 시인의 반듯한 삶의 태도는 타고난 순수성과 여리고 다정한 성품에서 우러나는 것 같다. 그러나 그의 시조를 두루 살펴보고 느끼는 바는 신실한 믿음으로 끊임없이 자신을 가꾸고 단련하는 데서 오는 부분이 생각보다 넓고 크다. 더구나 성실하게 예술 시조를 창작해내면서 풍부한 감정을, 언어를 조탁하듯 알맞게 조절하고 정제하는 습관이 배어 있음도 그의 시 세계를 이루는 데 크게 기여하고 있는 것 같다.

  아름다움을 사랑하고 사람 사이의 관계를 소중히 여기다 보니, 그의 시 정신은 자연과 고향 그리고 사람에 대하여, 정경과 추억과 그로 인한 생각과 느낌을, 꽃밭을 가꾸듯이 가지치기를 하고 풀을 뽑아주며 물을 주어 가꾼다. 그렇게 내면의 성숙을 위하여, 완숙을 향하여 쉬지 않는 삶의 태도가 드러나는 것이다.

  그것은 또한 가정이나 국가사회의 바르고 풍성하며, 인정이 통하는 질서와 조화를 끊임없이 지향한다. 무엇보다도 깊은 사색과 명상 그리고 기도를 통하여 생명과 영원의 본질에 대하여 격물치지格物致知의 자세를 견지한다.

카이로스란 인간의 시간이 아니라, 하나님의 시간을 뜻한다. 그는 우리가 부딪치는 현실 속의 수많은 일의 본체는 눈에 보이는 것과는 차원이 다른, 놀라운 결과의 발단이나 진행에 불과하다는 것을 늘 염두에 둔다. 그리하여 카이로스의 구석구석을 탐구하고 깨달아 가고자 한다.

많은 그의 시조 작품들이 그렇게 창조되었으며, 품성 자체를 그렇게 다듬어가고 있다. 한마디로 우성훈 시인은 카이로스의 영역을 탐색하며 그것을 향하여 발걸음을 멈추지 않는 우리 시대의 배가본드요, 시객詩客이다.

앞으로 오랫동안 시조와 시조계 그리고 독자를 위하여 기여하기를 기대한다.